Das kleine Jo-Jo

Vorübungen zum
Schreiben- und Lesenlernen

Cornelsen

Inhaltsverzeichnis

Siehe auch Innenumschlag hinten.

Bild ausmalen und die Fibelfiguren kennen lernen.

Schreibrichtung üben: waagerechte Linien von links nach rechts.

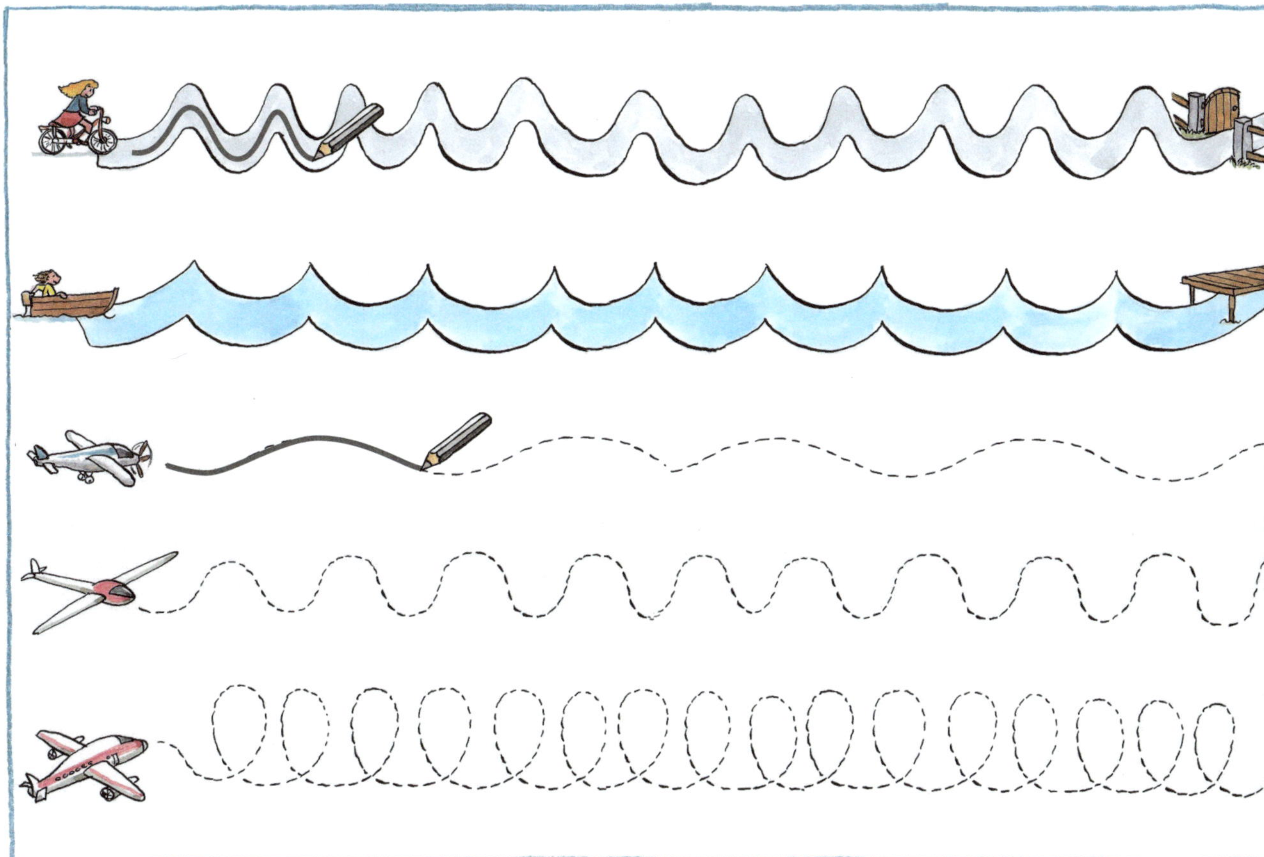

Senkrechte Linien von oben nach unten ziehen.

Bildvergleich: Weitere 9 Unterschiede in den Bildern finden.

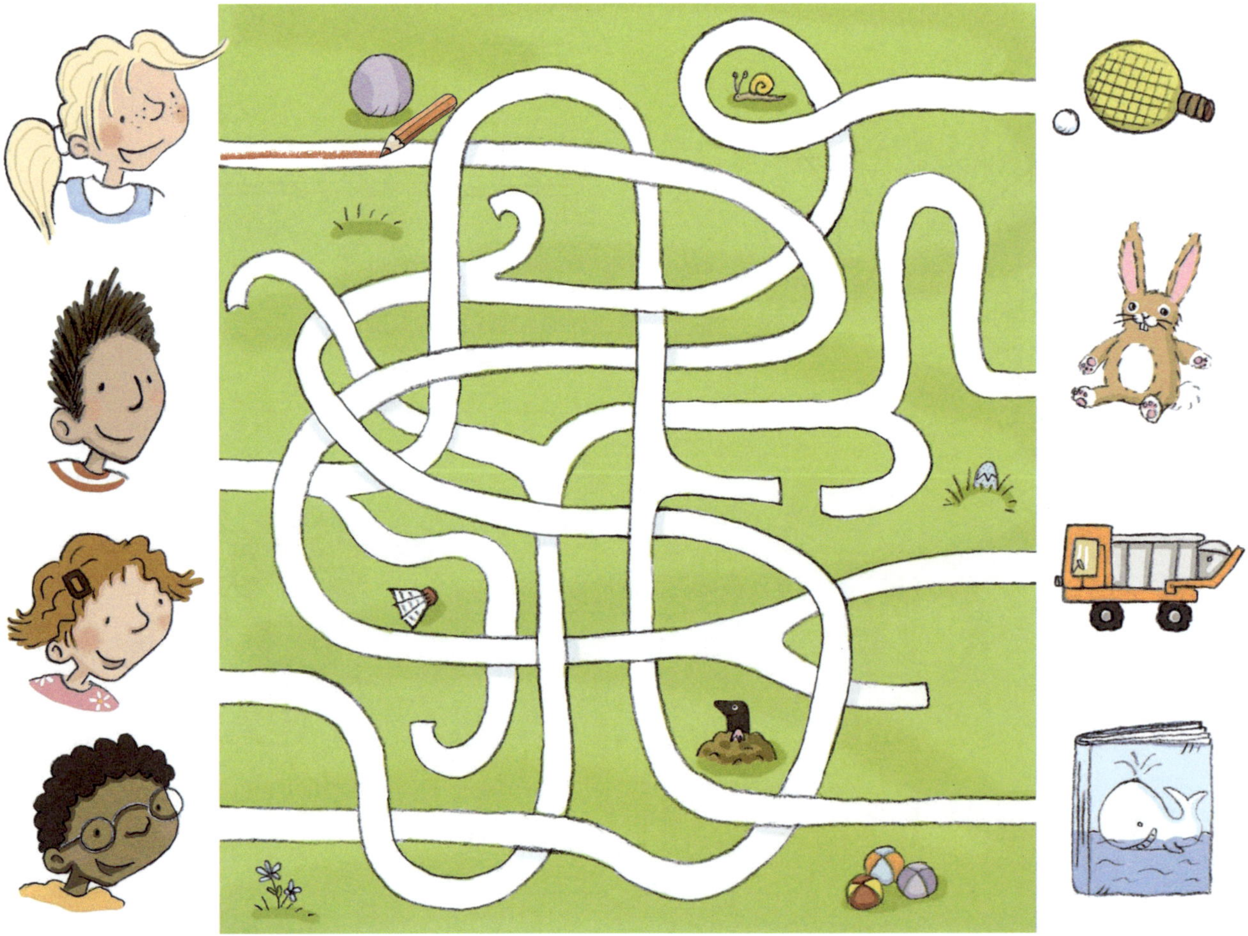

Wege mit verschiedenen Farben einzeichnen.

Bilder vergleichen, das mit dem ersten Bild der Reihe identische Bild finden und einkreisen.

Versteckte Formen finden und ausmalen.

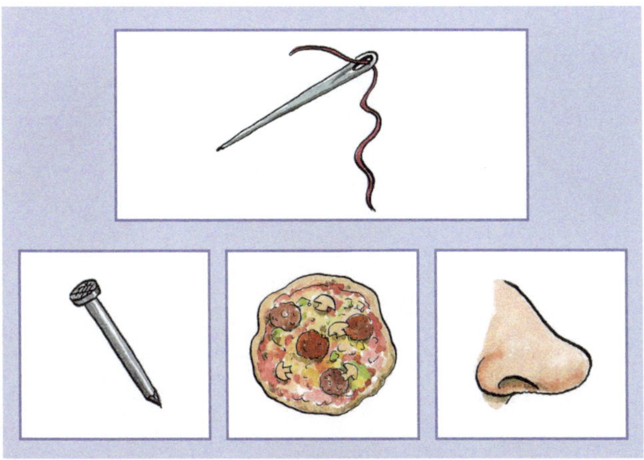

Bilder, deren Wörter die gleiche Anfangssilbe haben, mit dem Vorgabebild verbinden.

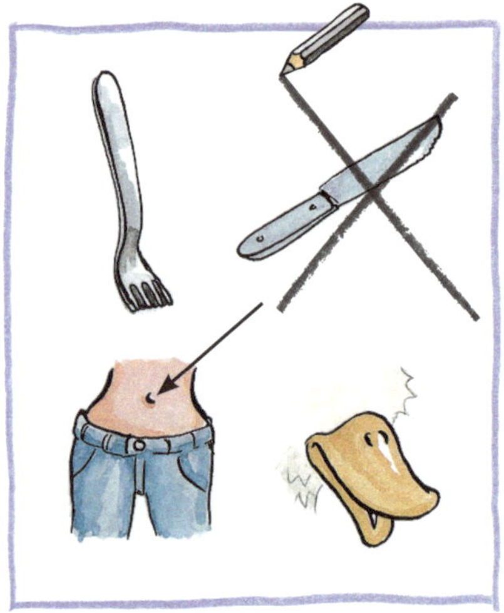

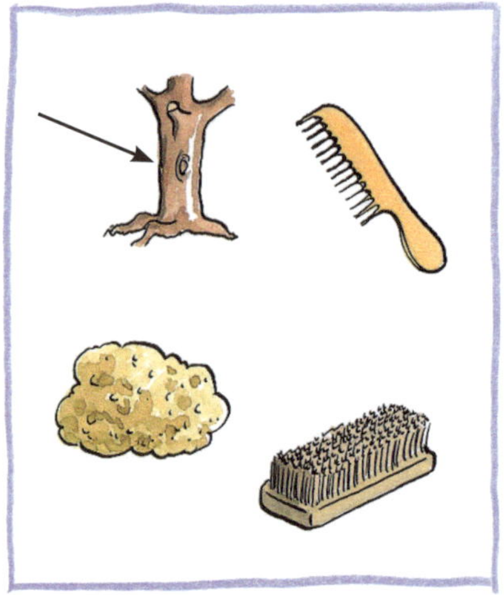

Jeweils das Bild, dessen Wort sich nicht auf die anderen reimt, durchstreichen.

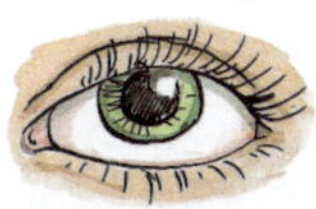

Silben klatschen oder schwingen und Silbenbögen zeichnen.

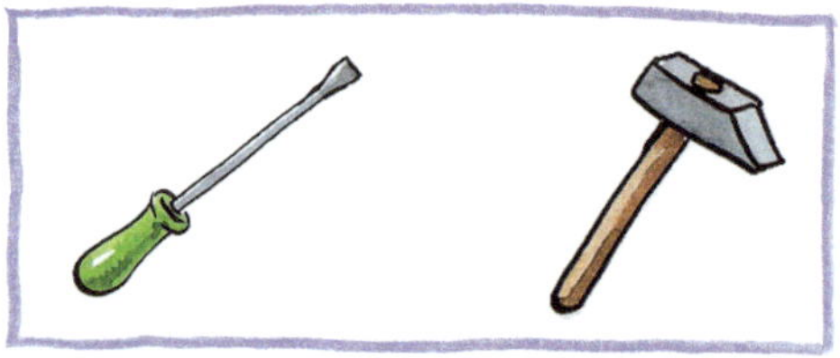

Wortlängen abhören und kennzeichnen: Punkt = kürzer, Strich = länger.

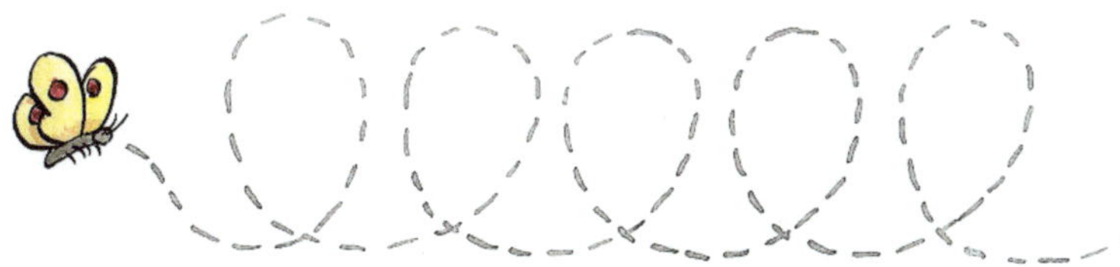

Schwungübungen: Formen nachspuren.

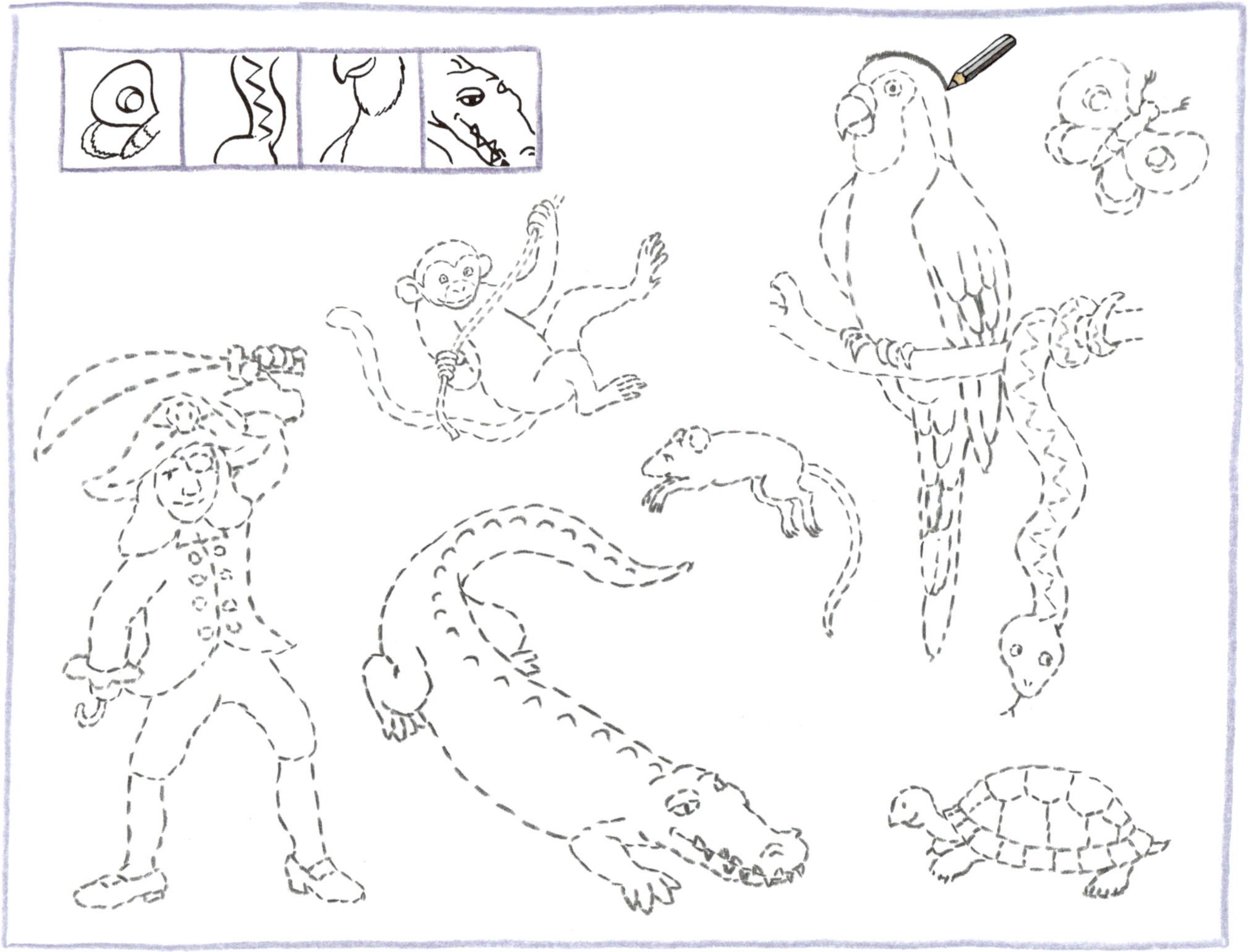

Die Figuren nachzeichnen. Die Figuren, von denen oben kleine Ausschnitte gezeigt werden, ausmalen.

Weitere 8 Fehler im Bild finden und einkreisen.

1

2

3

4

Einzelbilder von Seite 57 ausschneiden und in logischer Reihenfolge aufkleben.

Bilder, deren Wörter die gleiche Anfangssilbe haben, miteinander verbinden.

S

M

N

L

F

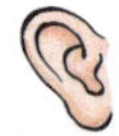

Bild mit dem abweichenden Anlaut durchstreichen.

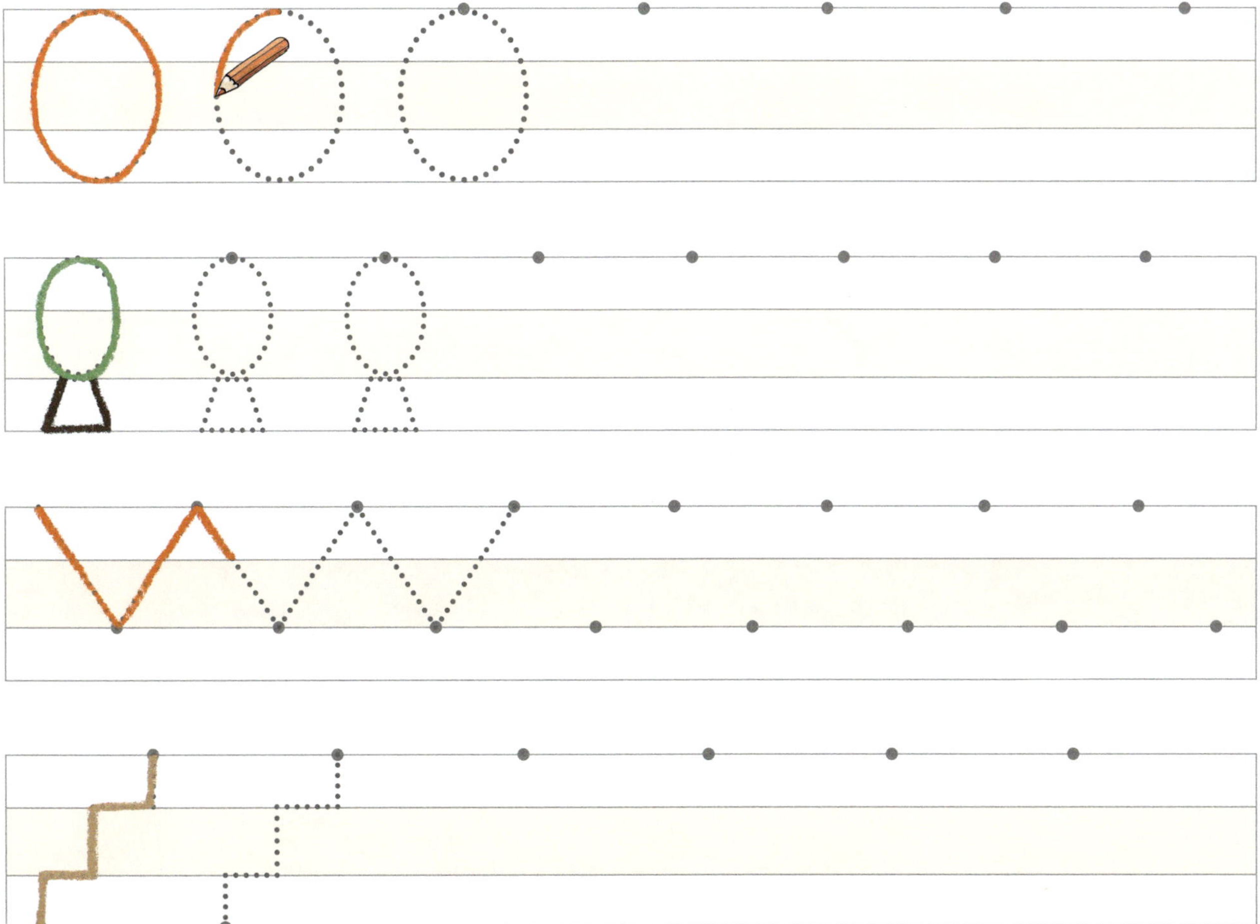

Gestrichelte Figuren nachspuren und in der Lineatur weiterzeichnen.

Formen im Punktraster nachzeichnen.
Linkshänder sollten das Heft umdrehen, sodass die Vorlage rechts sichtbar bleibt.

Abbildungen benennen, ggf. Oberbegriffe finden, nicht passendes Bild durchstreichen.

1

2

3

4

5

6

Einzelbilder von Seite 59 ausschneiden und in logischer Reihenfolge aufkleben.

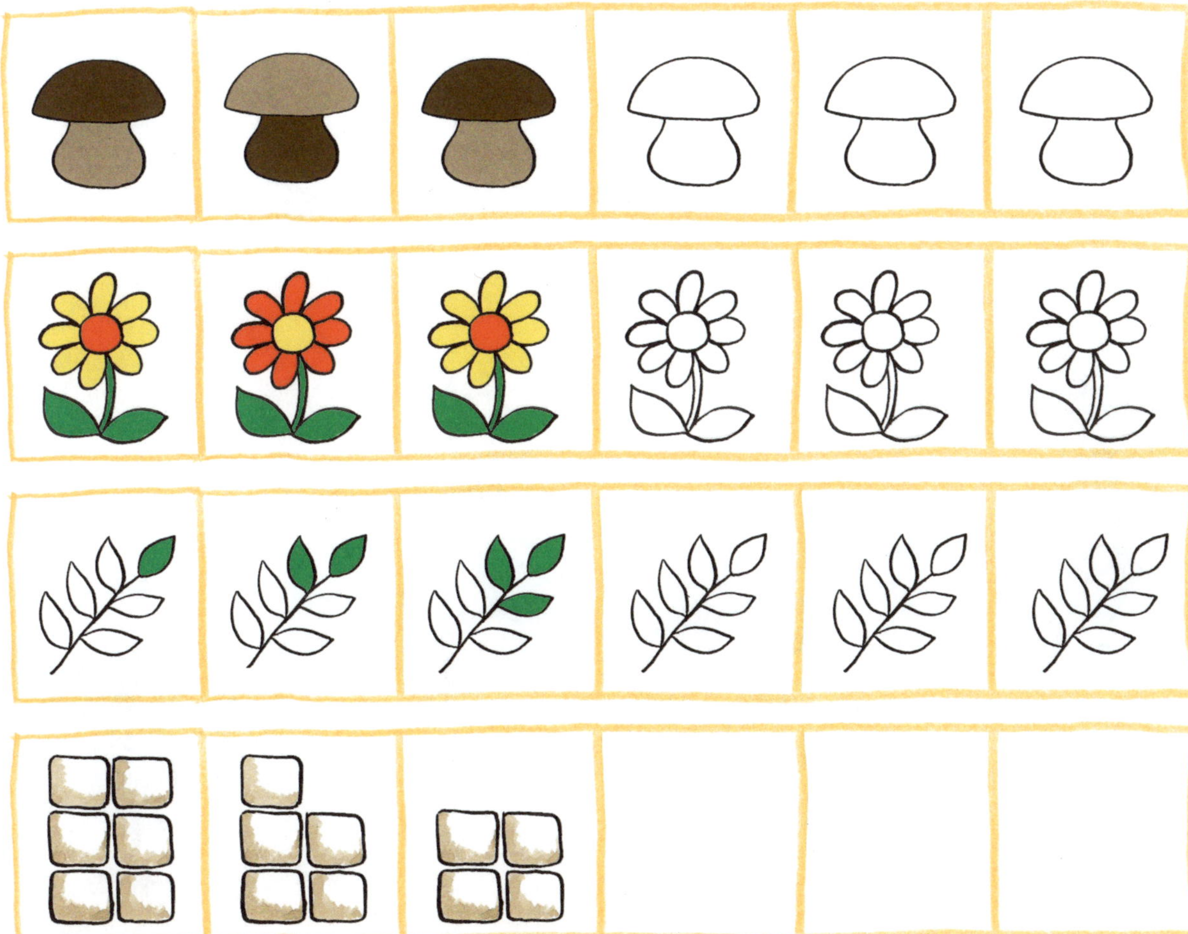

Reihen fortsetzen.

Vogelscheuche nach Vorlage (groß) ergänzen.

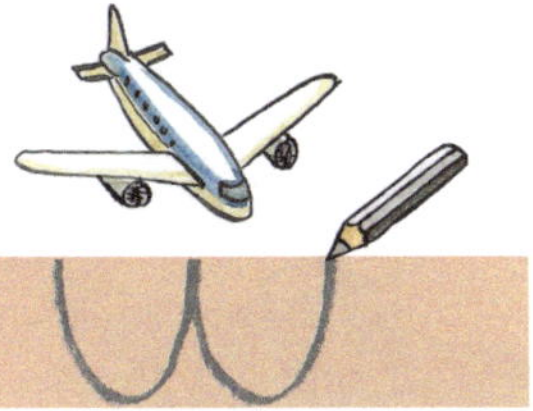

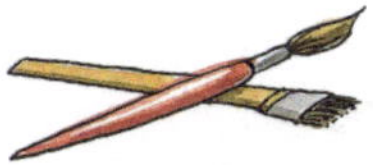

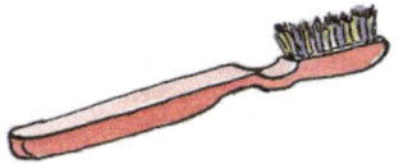

Silben klatschen oder schwingen und Silbenbögen zeichnen.

Wortlängen abhören und kennzeichnen: Punkt = kürzer, Strich = länger.

Jeweils das Bild, dessen Wort sich nicht auf die anderen reimt, durchstreichen.

Jeweils das Bild, dessen Wort sich nicht auf die anderen reimt, durchstreichen.

Gegenstände benennen.
Lage der Bilder einprägen und aus dem Gedächtnis auf der Rückseite eintragen.

Markieren, in welchem Feld sich die Bilder auf der Vorderseite befinden.

Weitere 7 Fehler im Bild finden und einkreisen.

Abbildungen benennen, ggf. Oberbegriffe finden, nicht passendes Bild durchstreichen.

Einzelbilder von Seite 61 ausschneiden und im Ablauf des Jahreskreises einkleben.

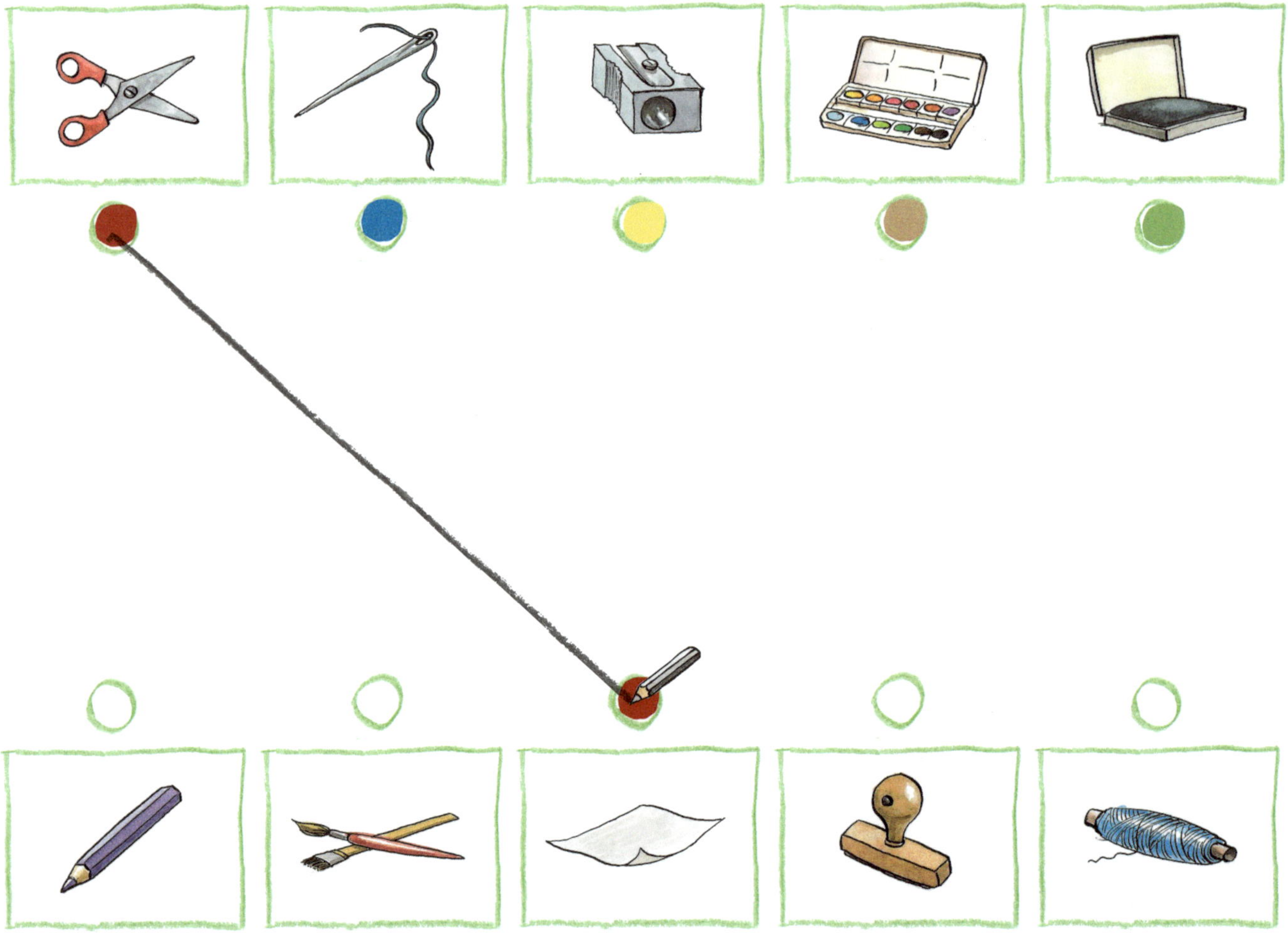

Zusammengehörige Dinge (logisch) durch gleiche Farben markieren und mit dem Lineal verbinden.

R

P

T

K

Sch

Bild mit dem abweichenden Anlaut durchstreichen.

A

E

I

O

U

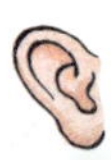

Bild mit dem abweichenden Anlaut durchstreichen.

Wege mit dem Finger nachspuren, den richtigen Weg einzeichnen, Zielgegenstand einkreisen.

Reihen fortsetzen.

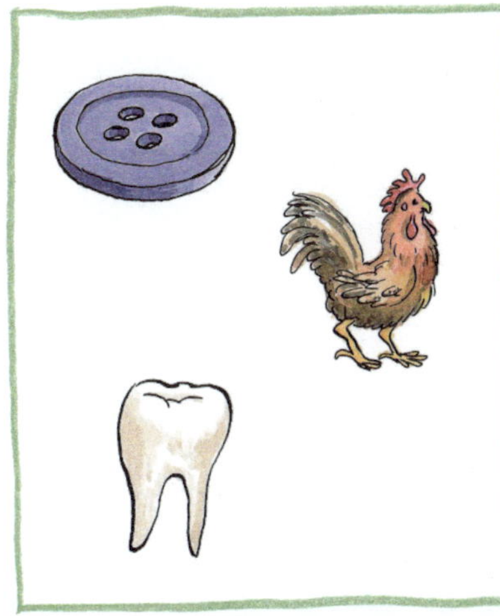

Jeweils das Bild, dessen Wort sich nicht auf die anderen reimt, durchstreichen.

Jeweils das Bild, dessen Wort sich nicht auf die anderen reimt, durchstreichen.

Gegenstände benennen. Lage der Bilder einprägen und aus dem Gedächtnis auf der Rückseite eintragen.

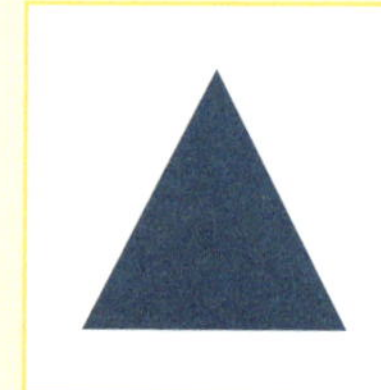

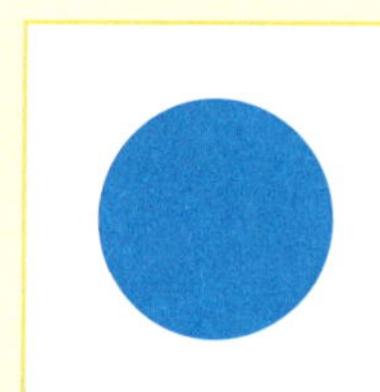

Markieren, in welchem Feld sich die Bilder auf der Vorderseite befinden.

1	2	3
1	2	3
1	2	3

Einzelbilder von Seite 63 ausschneiden und
die 3 Bildfolgen in logischer Reihenfolge aufkleben.

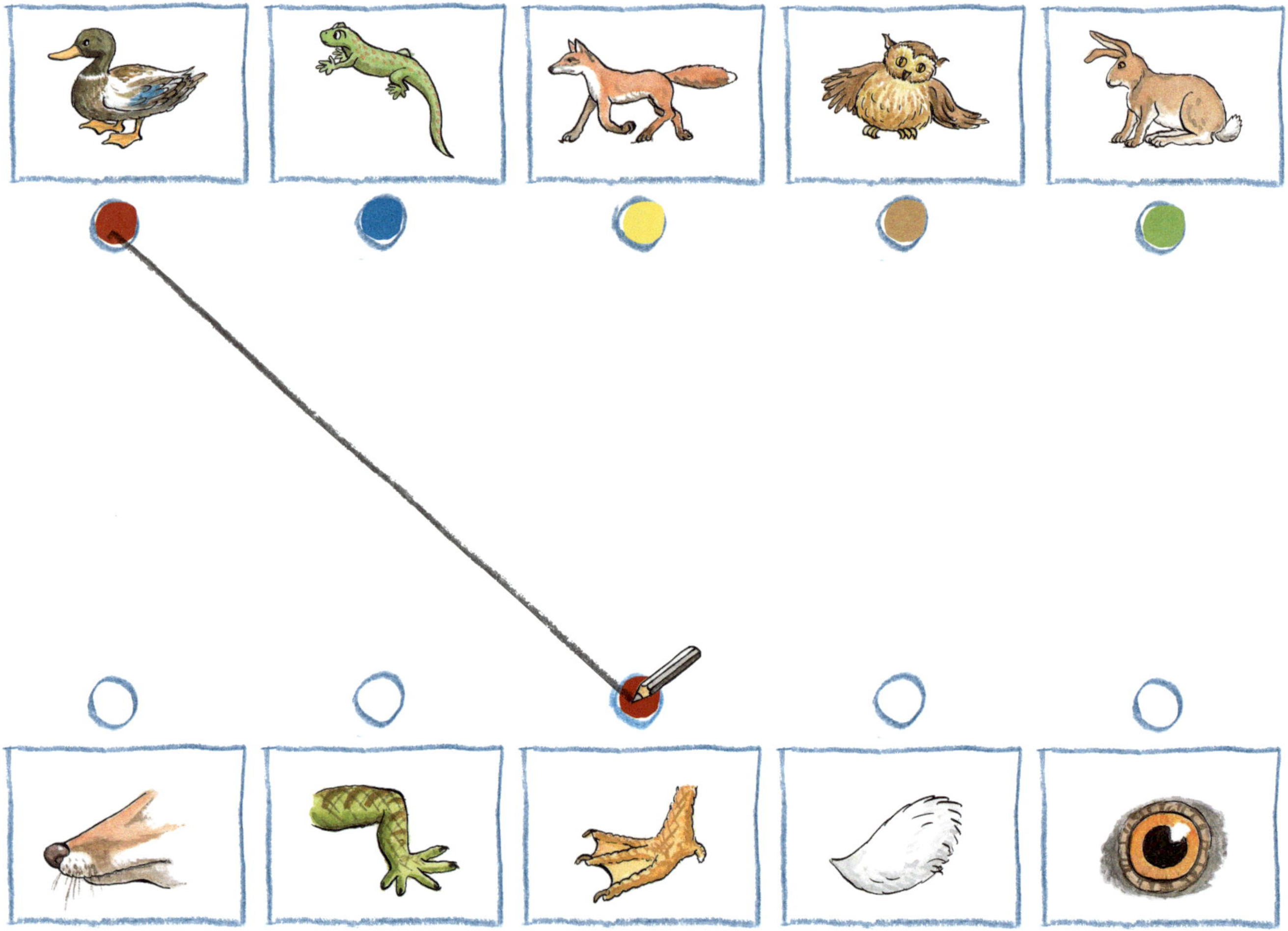

Zusammengehörige Bilder (optisch) durch gleiche Farben markieren und mit dem Lineal verbinden.

Laufrichtungen mit farbigen Pfeilen nachspuren.

Bilder vergleichen, das mit dem ersten Bild der Reihe identische Bild finden und einkreisen.

-l

-t

-m

-s

-n

Bild durchstreichen, dessen Wort mit abweichendem Laut endet.

_au_

_ei_

_o_

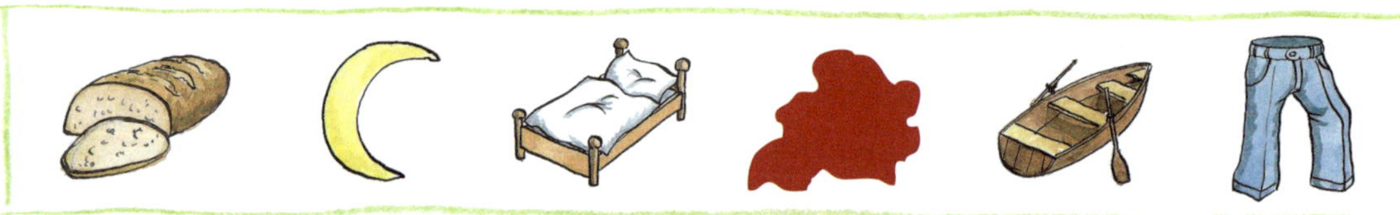

_u_

_a_

Bild durchstreichen, dessen Wort einen abweichenden Vokal enthält.

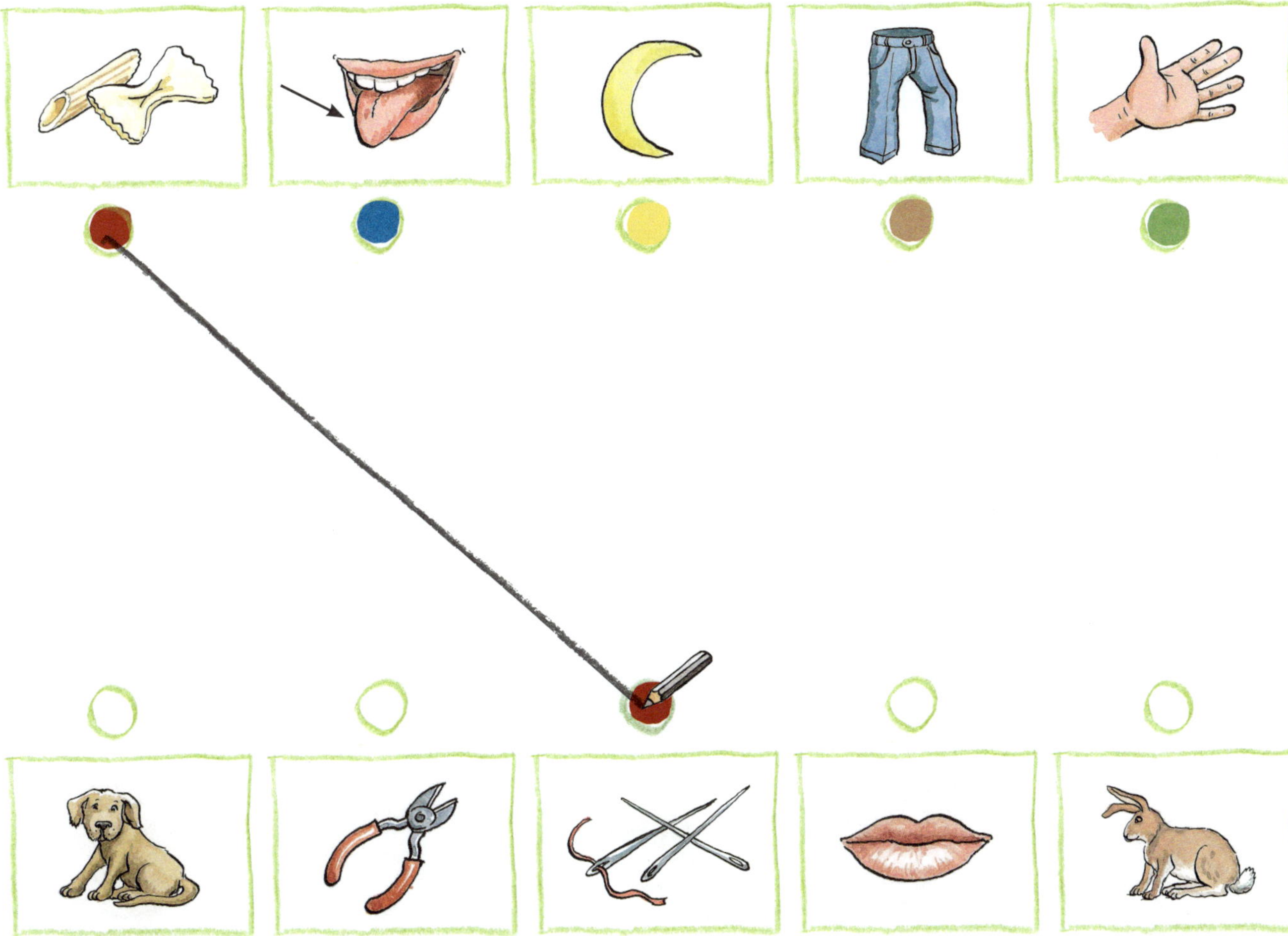

Bilder von Wörtern mit ähnlichem Klang durch gleiche Farben markieren und mit dem Lineal verbinden.

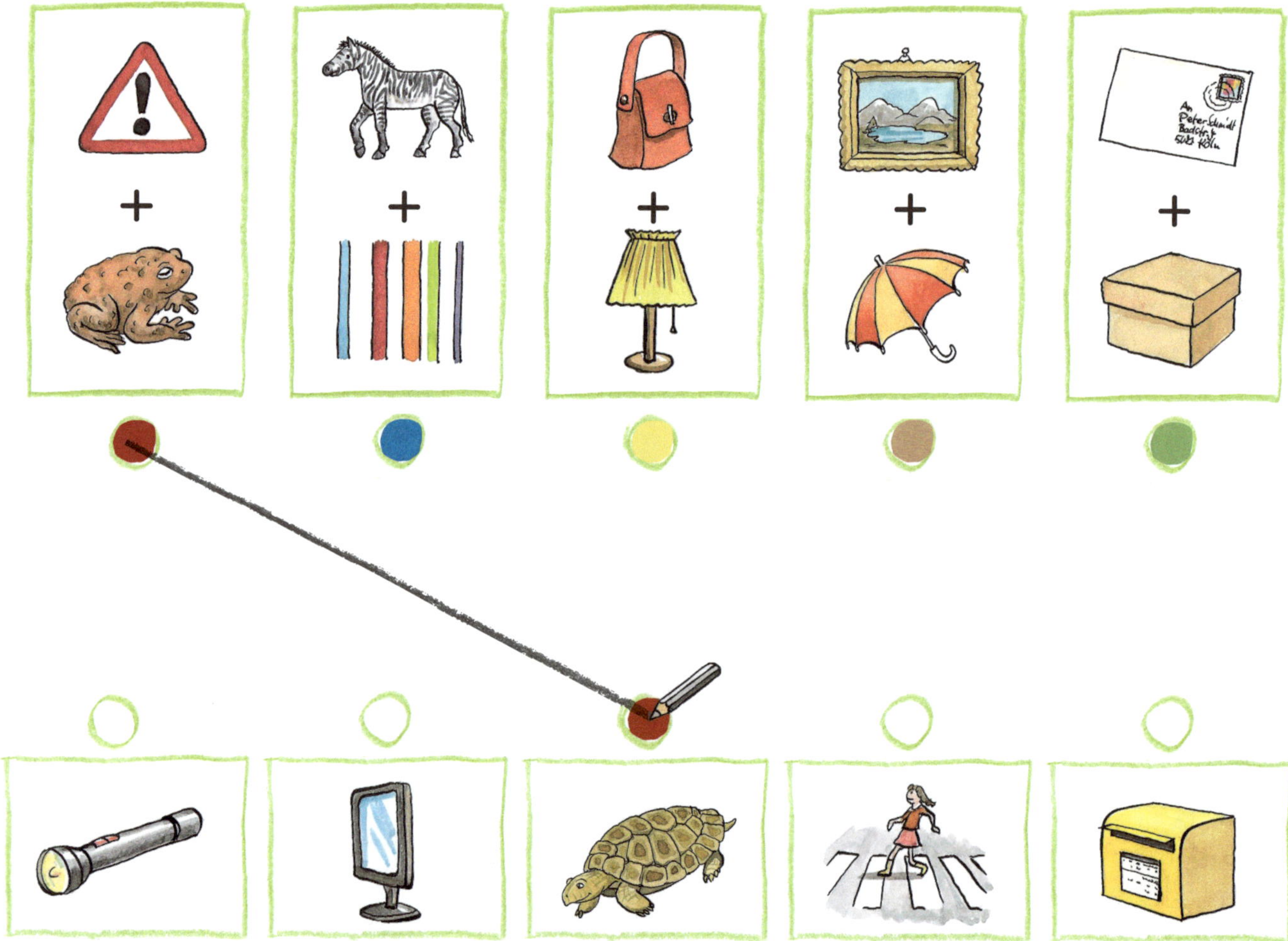

Immer zwei Bilder geben ein neues Wort:
Teilbilder mit Zusammensetzung durch gleiche Farben markieren und mit dem Lineal verbinden.

Abbildungen mit Begleitern benennen, Gegenstand mit abweichendem Begleiter durchstreichen.

Abbildungen mit Begleitern benennen, Gegenstand mit abweichendem Begleiter durchstreichen.

Einzelbilder von Seite 61 ausschneiden und an den entsprechenden Stellen im Bild einkleben.

Bildvergleich: Weitere 9 Unterschiede in den Bildern finden.

1